AF363614

LA JOUTE,

OU

LES AMOURS D'ÉTÉ,

PANTOMIME VILLAGEOISE,

EN DEUX ACTES;

Par M. COINDÉ.

Représentée, pour la première fois, à Paris, sur le théâtre de la Porte Saint-Martin, le 29 novembre 1806.

A PARIS,

Chez BARBA, Libraire, palais du Tribunat, derrière le Théâtre Français, n°. 51.

1806.

PERSONNAGES.	ACTEURS.
L'ÉPERVIER.	M. *Eugène Hus.*
ANNETTE.	Mme. *Quériau.*
GUILLOT.	M. *Morand.*
NICAISE.	M. *Robillon.*
LE SEIGNEUR.	M. *Mérante.*
LA DAME.	Mlle. *Aline.*
LE BAILLY.	M. *Parisot.*
Villageois.	
Villageoises.	
Joûteurs.	
Suite du Seigneur.	

La scène se passe en Espagne.

LA JOUTE,

OU

LES AMOURS D'ÉTÉ.

ACTE PREMIER.

Le théâtre représente un hameau entouré d'un paysage agréable, et divisé en deux parties par une rivière qui le traverse diagonalement. D'un côté de la rivière est située la maison de l'Epervier, dont le balcon donne sur l'eau ; de l'autre côté, le moulin de Guillot ; un peu plus loin, on remarque un petit pont rustique qui sert de communication entre les deux parties du hameau.

INTRODUCTION.

L'ouverture peint le point du jour, et imite le chant des oiseaux. Plusieurs habitans du hameau sortent de leurs maisons avec divers instrumens nécessaires à leurs travaux, et

vont vaquer ensuite à leurs occupations jour-
nalières. Nicaise sort aussi de sa ferme; il donne différens ordres à ses valets, passe les trou-
peaux en revue, et leur fait prendre le chemin du pont; puis il s'achemine vers la maison de l'Epervier, tandis que ce dernier vient
au-devant de son prétendu gendre, en l'invi-
tant à entrer chez lui. D'un autre côté, Guillot paraît sur la jetée de son moulin; Annette, sur la galerie de sa maison, et les deux
amans se disent réciproquement bonjour;
mais, l'arrivée subite de l'Epervier et de Nicaise dérange leur entretien, et Guillot ne les
a pas plutôt apperçu qu'il tourne le dos à
Annette, lève la vanne de son moulin, et
rentre chez lui sans oser seulement jeter un
regard sur la maison de sa maîtresse. L'Epervier se fait apporter à déjeûner sur la galerie,
et invite Nicaise à en prendre sa part... Pendant ce tems, le tambour du hameau vient
frapper à la porte du Bailli, qui sort aussitôt,
et lui ordonne de battre le rappel pour ras-
sembler les habitans. Le tambour passe le
pont, et, peu de tems après, commence à rap-
peler dans le lointain; il parcourt ensuite les
différens endroits, et s'avance insensiblement
sur le devant de la scène.

(5)

Peu-à-peu les habitans se rassemblent; le Balli fait battre un ban. On déploie un drapeau sur lequel on lit ces mots : *Il y aura, ce soir, au château, joûte extraordinaire : le vainqueur recevra six cents livres.* Les jeunes Villageois s'empressent à l'envie de se faire inscrire sur le registre du Bailli, et chaque Villageoise orne d'un ruban le chapeau de son amant.

Fin de l'Introduction.

SCENE PREMIERE.

L'EPERVIER, ANNETTE, NICAISE, GUILLOT. *Ce dernier n'est apperçu que d'Annette.*

L'Epervier invite son gendre prétendu à se faire inscrire pour disputer le prix de la joûte ; celui-ci paraît hésiter ; mais la crainte de passer pour un poltron aux yeux de sa maîtresse, lui fait faire un grand effort sur lui-même, et, prenant un air d'importance, il fait mettre son nom sur le registre ; ensuite, il revient à sa prétendue, et semble se prévaloir de ce qu'il vient de faire. Annette lui témoigne beaucoup d'indifférence ; mais il ne se rebute pas, et continue toujours ses importunités. L'Epervier ordonne à sa fille de parer d'un ruban le chapeau de Nicaise, ainsi que l'ont fait, à leurs amans, les jeunes filles du hameau ; celle-ci s'y refuse ; l'Epervier insiste, et Nicaise sollicite cette faveur. Pendant ce tems, Guillot fait à Annette plusieurs gestes d'intelligence pour l'engager à céder aux volontés de son père, afin de s'en débarrasser plus promptement ; Annette obéit. L'Epervier, charmé de sa soumission, l'embrasse, et l'engage à rester un instant avec Nicaise, pendant qu'il ira se préparer pour la pêche. Il recommande, en particulier, à ce dernier, d'avoir l'œil sur sa fille, et de ne pas souffrir qu'elle parle à aucun garçon du hameau ; Nicaise promet tout ; l'Epervier se retire ; Guillot se frotte les mains de contentement, en se promettant bien de donner de l'occupation à son rival.

SCENE I I.

LES PRÉCÉDENS, excepté L'ÉPERVIER.

Pantomime entre Nicaise, Annette et Guillot. Ce dernier, sans être apperçu de Nicaise, voltige sans cesse autour de son amante, lui dérobe plusieurs baisers, et s'empare adroitement du ruban qu'elle avait attaché au cha-

(7)

peau de son rival. Les jeunes Villagoises,
d'intelligence avec Guillot, s'emparent de
Nicaise, et l'étourdissent à force de le faire
sauter, tourner, etc. Les Paysans, de leur
côté, entourent Annette en dansant, ce qui
donne le tems à Guillot de lui en conter à
l'aise... Cependant, Nicaise commence à
s'appercevoir qu'on le joue, il dissimule un
moment, s'échappe ensuite sans être apperçu
de personne, et revient un intant après avec
l'Epervier, et lui fait remarquer sa fille avec
Guillot. Les deux amans se voyant surpris,
affectent de danser indifféremment ensem-
ble et s'éloignent insensiblement l'un de l'autre; mais l'Epervier n'est pas la dupe de ce
stratagême; il prend, avec beaucoup d'humeur, sa fille par le bras, et lui ordonne de
se retirer de suite avec Nicaise; pour Guillot, il le menace en lui défendant de jamais
approcher d'Annette. Les Villageois et Villageoises reconduissent l'Epervier; Annette
et Nicaise s'éloignent en dansant.

SCENE III.

LES PRÉCÉDENS, L'ÉPERVIER.

L'Epervier invite Nicaise à entrer chez

(8)

lui pour l'aider à porter ses filets jusques à son bateau ; Nicaise voulant faire le bon serviteur, revient chargé, comme une bête de somme, de tous les ustensiles du pêcheur ; il fait un faux pas, et tombe accablé de son fardeau. Annette court à lui, et feignant de vouloir le dégager, l'embarrasse encore davantage. L'Epervier arrive, et parvient avec peine à le débarrasser des filets et à le sortir d'une naze dans laquelle sa chûte l'avait engagé.

L'Epervier s'occupe ensuite du soin de préparer ses filets ; et, après avoir bien recommandé à Nicaise de ne pas perdre sa fille de vue pendant son absence ; il détache son bateau et part pour la pêche.

SCENE IV.

NICAISE, ANNETTE.

Nicaise, resté seul avec Annette, veut en vain lui ravir un baiser ; elle s'échappe, rentre chez elle avec précipitation et lui ferme sa porte au nez. Celui-ci frappe et refrappe à la porte à coups redoublés ; mais, voyant qu'on ne veut pas lui répondre, il ramasse de grosses pierres qu'il jette avec force dans le

contrevent de la fenêtre. Cependan tAn-
nette ne se dérange pas davantage ; et, fati-
gué de se tourmenter en vain, il prend le parti
de s'asseoir le dos contre la porte , et d'at-
tendre patiemment qu'Annette veuille lui
ouvrir.

SCENE V.

NICAISE, GUILLOT, ANNETTE.

Celle-ci, n'entendant plus de bruit, et
croyant Nicaise parti, ouvre doucement
le contrevent. Dans le même moment, Guillot paraît, de l'autre côté de la rivière , sur
la vanne de son moulin ; aussitôt Annette lui
fait signe de venir la rejoindre ; mais Guillot
lui fait remarquer Nicaise, assis à sa porte :
alors, les deux amans se disposent à s'amu-
ser encore un moment à ses dépens. Annette
l'appelle, feint de se repentir de l'avoir traité
aussi cruellement, et semble lui demander
s'il veut bien lui pardonner. Nicaise , trans-
porté de joie de retrouver sa maîtresse ainsi
changé, ne sait comment lui témoigner sa
satisfaction ; il lui fait entendre qu'il est le
seul coupable, que c'est à lui à solliciter son
pardon, et se jette à genoux devant elle pour

l'obtenir. Annette saisit ce moment pour en-
voyer à Guillot plusieurs baisers que Nicaise
prend pour lui. Alors, le pauvre nigaud, ne se
sentant plus d'aise, fait mille extravagances ;
il saute, danse, etc. Cette méprise amuse in-
finiment les deux jeunes gens ; et Annette,
prenant goût à la plaisanterie, détache un
bouquet de son corset, et fait signe à Nicaise
de tendre son chapeau pour recevoir ce gage
de sa tendresse ; mais les fleurs passent rapi-
dement sur sa tête et vont tomber dans les
mains de Guillot... Rien n'égale la surprise
de Nicaise, lorsqu'après s'être retourné plusieurs fois en cherchant le bouquet, il l'apperçoit dans les mains de son rival ; la colère
le saisit, il menace Guillot, qui se rit de sa
rage, et court à lui comme un furieux sans
songer que la rivière les sépare ; mais il est
bientôt arrêté par la peur de se noyer, et
prend prudemment, pour l'aller rejoindre,
le chemin du pont voisin.

SCENE VI.

ANNETTE, GUILLOT.

Guillot, de son côté, ne perd pas de tems, détache son bateau, traverse la rivière, et vient

aussitôt rejoindre sa belle. Annette lui tend les bras ; et dans un pas de deux très-court, mais expressif, ces jeunes amans se donnent mutuellement des preuves de leur tendresse, et se réjouissent d'être débarrassés de Nicaise.

SCENE VII.

ANNETTE, GUILLOT, NICAISE.

A la fin, ce dernier arrive tout essoufié de l'autre côté de la rivière, et va frapper à la porte du moulin ; mais bientôt, appercevant son rival avec sa prétendue, il fait de nouvelles menaces, se livre au désespoir, et veut une seconde fois tenter le passage de la rivière ; mais le courage lui manque encore au moment de l'exécution, et il se décide à reprendre de nouveau la route du pont.

SCENE VIII.

ANNETTE.

Guillot, après avoir fait les plus tendres adieux à son amante, se rembarque précipitamment et regagne son moulin. Annette se remet tranquillement devant sa porte à raccommoder les filets de son père.

SCENE IX.

ANNETTE, NICAISE.

Nicaise arrive, mais trop tard ; il paraît furieux de n'avoir pu rejoindre son rival ; il fait mille reproches à Annette de sa perfidie ; puis, appercevant l'Épervier dans son bateau, il court au-devant de lui pour lui raconter ce dont il a été témoin.

SCENE X.

ANNETTE, NICAISE, L'ÉPERVIER.

L'Épervier descend de son bateau, Nicaise lui raconte tout ce qu'il a vû, la scène du bouquet, celle des baisers, de la rivière, etc. Annette ne se déconcerte pas et donne à entendre qu'elle ne sait ce qu'on veut lui dire, qu'elle n'a pas bougé de devant la maison, à raccommoder ces fillets, et qu'il faut que Nicaise ait perdu l'esprit, ou qu'il ait eu quelques visions. l'Épervier regarde attentivement et sa fille et Nicaise, ne sachant auquel des deux récits il doit ajouter foi ; mais ce qui trahit la pauvre Annette, ce sont ces habits blanchis par la farine ; l'Épervieralors lui demande avec colère si, après une preuve aussi convaincante, elle osera nier qu'elle s'est approchée de Guillot; elle ne sait que répondre, et paraît entièrement déconcertée ; cependant l'Épervier accable sa fille d'injure, et va pour se porter à des extêmités, lorsque Nicaise l'arrête, et fait rentrer Annette pour la soustraire à la colère de son père.

___

SCENE XI.

L'EPERVIER, NICAISE.

Ce dernier ferme la porte de la maison avec beaucoup de précaution, tandis que Nicaise détache le bateau de l'Épervier et va chercher celui de Guillot qui se trouve amaré au moulin, il le ramène aussitôt auprès de la maison, afin d'ôter à son rival tous moyens de communication entre lui et sa maîtresse ; puis il court à l'Épervier et cherche à lui persuader que, pour couper court à toutes ces intrigues, il faut qu'il consente à lui donner sa fille au plutôt. Celui-ci paraît goûter cet avis, et après un moment de réflexions, il tend la main à Nicaise en signe d'alliance, et lui proteste que Guillot aura beau faire, qu'avant peu sa fille sera sa femme ; ensuite le prenant sous les bras d'un air satisfait, il l'enmène avec lui chez le Tabellion pour dresser les articles du contrat.

SCENE XII.

ANNETTE, GUILLOT.

Annette ouvre sa fenêtre et passe dans la galerie qui donne au-dessus de la rivière ; elle appelle sont amant et semble lui raconter la scène qui vient de se passer. Guillot, désespéré de ce récit, paraît chercher un expédient pour ravir sa maîtresse au pouvoir de son rival ; et comme il va pour descendre dans son bateau, Annette l'instruit de la précaution de Nicaise, et le lui fait remarquer à côté de sa maison ; elle l'engage à faire le tour par le pont ; mais Guillot, voyant qu'il n'a pas de tems à perdre, se décide à passer la rivière à la nâge. Annette veut en vain l'arrêter; il n'a pas plutôt conçu ce projet qu'il l'exécute ; elle paraît trémblante pour les jours de son amant ; mais il la rassure en nageant, et il lui fait signe de descendre la corde du seau qui est suspendu sur l'eau, pour laider à arriver jusqu'à elle ; Annette obéit , et Guillot , après avoir saisi la corde , met un pied dans le seau et se cramponne à des piquets qui se trouvent le long du mur ; de son côté, Annette tire la corde , et parvient, avec beaucoup de peine , à monter son amant jusqu'à moitié du chemin ; mais le courage et la force lui manquent à la fois , lorsqu'elle apperçoit son père suivi de Nicaise et du Tabellion.

SCENE XIII.

ANNETTE, NICAISE, LE TABELLION, GUILLOT.

Elle ne sait plus alors quel parti prendre ; néanmoins elle aime mieux se compromettre ouvertement que de risquer les jours de son amant, en lâchant la corde ; elle fait encore de nouveaux efforts, mais inutilement. Heureusement Nicaise arrive fort à propos pour la tirer de peine, et, en amant galant, il lui propose de l'aider à tirer son seau d'eau ; Annette accepte avec reconnaissance, en lui recommandant de tenir bien ferme ; celui-ci saisit la corde d'un bras vigoureux, et monte le fardeau jusques dans la galerie.

La frayeur s'empare de lui à la vue de Guillot
qui, pour le remercier du service, le ren-
verse dans la galerie. Il redescend l'escalier
avec précipitation, et vient se sauver dans
les bras de l'Épervier et du Tabellion ; Annette, de son côté, vient tomber aux pieds
de son père pour lui demander grâce ; mais
il la relève avec indignation, et lui fait
entendre qu'il n'y a plus qu'un moyen de
réparer sa faute, celui de prendre à l'heure
même Nicaise pour époux : en conséquence
il prend le contrat des mains du Tabellion
et veut la forcer à signer. *(Pendant cette
scène les joûteurs se rasssemblent peu à peu.)*
Cependant Annette s'y refuse avec opinia-
treté; et lorsque l'Épervier lui conduit la main
pour l'y forcer, Guillot, désespéré, se jette
entre l'Épervier et sa fille, arrache le contrat et le déchire ; ensuite il saisit d'une main
la lance d'un joûteur, et de l'autre il s'empare d'Annette, puis il menace Nicaise et
lui fait remarquer l'annonce de la joûte.
Alors il demande à l'Épervier qu'il lui soit
permis de disputer sa fille à son rival, et
qu'elle devienne le prix du vainqueur. L'É.
pervier ne veut consentir à aucun arrange.
ment avec Guillot ; de son côté, Nicaise

donne à entendre qu'il aime mieux renon-
cer à tout que d'accepter un pareil défi. Il
veut se retirer, mais les joûteurs le retien-
nént ; ces derniers sollicitent l'Épervier en
faveur de Guillot, il l'adoucissent peu à peu
et déterminent enfin Nicaise à disputer sa
maîtresse à son rival ; l'amour-propre s'empare de lui, il défait son habit et demande
une lance ; le père veut encore un fois s'op-
poser à tout ; mais le Bailli lui fait entendre que si Guillot sort vainqueur de la
joûte, il sera presque aussi riche que son
rival ; il finit par se laisser aller et consent
enfin que sa fille soit le prix du vainqueur.

MARCHE DES JOUTEURS.

Guillot et Nicaise conduisent les deux
partis. Après quelques évolutions, le Bailli se
met à leur tête et les conduit au château.

Fin du premier Acte.

C

ACTE II.

Le théâtre représente un endroit du château préparé pour la fête ; des gradins de verdure sont élevés en forme d'amphithéâtre ; des bateaux, ornés de guirlandes de différentes couleurs, sont placés dans une large pièce d'eau qui traverse le fond de la scène.

SCENE PREMIERE.

LE SEIGNEUR, LA DAME, LE BAILLI, LE MAGISTER, NICAISE, GUILLOT, ANNETTE, L'EPERVIER, Suite du Seigneur, Villageois, Villageoises, Joûteurs.

LE Seigneur, la Dame et leur suite ouvrent la marche et vont occuper les gradins du fond du théâtre ; ensuite le Bailli, le Magister, tous les habitans du hameau vont se placer sur les gradins de côté. Les joûteurs défilent et montent dans leurs bateaux. On place le prix proche le rivage, ensuite on entend une fanfare, et la joûte commence.

(19)

Plusieurs joûteurs sont renversés de part et d'autre; Guillot, après en avoir culbuté un grand nombre, cherche des yeux Nicaise qui s'était caché dans le fond de son bateau. Les joûteurs l'en retirent tout tremblant, et l'É-pervier lui reproche son peu de courage; enfin il monte sur la jetée de son bateau et s'apprête à combattre Guillot; celui - ci fond la lance en arrêt sur son adversaire, qui évite le premier choc, mais il ne peut se défendre du second; Guillot l'ajuste si bien, et le pousse avec une telle vigueur, que Nicaise se trouve culbuté à une grande distance de son bateau. Alors les fanfares recommencent. Guillot est porté en triomphe sur le devant de la scène, et va se jeter ensuite aux pieds de l'É-pervier qui, à la vue du prix de la joûte, consent à lui donner sa fille. Dans ce moment, Nicaise arrive tout mouillé, tout transi; il donne à entendre qu'il cède de bon cœur ses droits sur Annette, et qu'il n'est pas d'humeur à endurer de nouveau tout ce que les deux amans lui on fait souffrir. Le Seigneur et la Dame prennent Guillot et An-nette par la main et les unissent.

Un divertissement général termine la pantomime.

F I N.